La Bohème

IN FULL SCORE

GIACOMO PUCCINI

DOVER PUBLICATIONS, INC.

NEW YORK

This Dover edition, first published in 1987, is a republication
of the edition originally published by G. Ricordi, Milan, n.d.
A detailed table of contents and translations of the lists of characters and
instruments have been added.

Manufactured in the United States of America
Dover Publications, Inc.
31 East 2nd Street,
Mineola, N.Y. 11501

Library of Congress Cataloging-in-Publication Data

Puccini, Giacomo, 1858–1924.
La Bohème : in full score.

Opera in 4 acts.
Italian words.
Based on: Scènes de la vie de Bohème / Henri Murger.
Reprint. Originally published: Milano : G. Ricordi, 1920?
1. Operas—Scores.   I. Giacosa, Giuseppe, 1847–1906.
II. Illica, Luigi, 1857–1919.   III. Murger, Henri,
1822–1861. Scènes de la vie de Bohème.   IV. Title.
M1500.P97B5   1987   87-751777
ISBN 0-486-25477-1

Contents

La Bohème

Opera in Four Acts

Based on Henri Murger's novel *Scènes de la vie de Bohème*
Libretto by Giuseppe Giacosa and Luigi Illica

CHARACTERS

Mimì . . . . *Soprano*

Musetta . . . . *Soprano*

Rodolfo, a poet . . . . *Tenor*

Marcello, a painter . . . . *Baritone*

Schaunard, a musician . . . . *Baritone*

Colline, a philosopher . . . . *Bass*

Parpignol, a toyseller . . . . *Tenor*

Benoit, a landlord . . . . *Bass*

Alcindoro, a Councillor of State . . . . *Bass*

A Sergeant of the Customs Office
 [Sergente dei Doganieri] . . . . *Bass*

A Customs Officer [Doganiere] . . . . *Bass*

Students [Studenti], Dressmaker's Apprentices [Sartine], Citizens [Borghesi], Shopkeepers [Bottegai, Bottegaie], Street Vendors [Venditori ambulanti, Venditrici], Soldiers [Soldati], Café Waiters [Camerieri da Caffè], Boys and Girls [Ragazzi, Ragazze], Street Urchins [Monelli], Mothers [Mamme], Milkwomen [Lattivendole], Peasant Women [Paesane], Sweepers [Spazzaturai], Carters [Carrettieri], Crowd [La Folla], Voices from the Café [Dal Caffè], Voices from the Cabaret [Dal Cabaré]

Time: About 1830, in Paris

Instruments

Piccolo [Ottavino, Ott.]
2 Flutes [Flauti, Fl.]
2 Oboes [Oboi, Ob.]
English Horn [Corno Inglese, C. Ingl.]
2 Clarinets [Clarinetti, Cl.] (A, B$^\flat$)
Bass Clarinet [Clarinetto Basso, Cl. B.] (A, B$^\flat$)
2 Bassoons [Fagotti, Fag.]

4 Horns [Corni] (F)
3 Trumpets [Trombe, Tr.^{be}] (F)
3 Trombones [Tromboni, Tr.^{ni}]
Bass Trombone [Trombone Basso, Tr.^{ne} b.]

Timpani [Timp.]
Side Drum [Tamburo, Tamb.]
Glasses [Bicchieri, Bicch.]
Triangle [Triangolo, Triang.]
Cymbals [Piatti, P.]
Bass Drum [Gran Cassa, G.C.]
Xylophone [Xylophone, Xyl.]
Glockenspiel [Carillon, Car.]
Tubular Chimes [Campanelle, Camp.]

Harp [Arpa]

Violins [Violini, Viol.] I, II
Violas [Viole, Vle.]
Cellos [Violoncelli, Vc.]
Basses [Contrabbassi, Cb.]

On the stage
[sul palco]:   4 Fifes (Piccolos in C) [Pifferi, Piff. (Ottavini in Do)]
6 Trumpets [Trombe, Tr.^{be}] (B$^\flat$)
6 Side Drums [Tamburi, Tamb.], tuned to B$^\flat$

ACT ONE

IN SOFFITTA

Ampia finestra dalla quale si scorge una distesa di tetti coperti di neve. A sinistra un camino. Una tavola, un ar-
madietto, una piccola libreria, quattro sedie, un cavalletto da pittore, un letto : libri sparsi, molti fasci di carte, due
candelieri. Uscio nel mezzo, altro a sinistra.

a tempo
Fl.
Ott.
Ob.
Cl. in La
Fag.
in Fa
Corni
in Fa
I.
Tr.be in Fa
I. sola
a 3
Tr.ni
Triang.
Arpa
MAR.
(torna al lavoro)
- on!................
a tempo
pizz.
arco
Viol.
V.le
Vc.
Cb.
a tempo

(additando il camino senza fuoco)

ROD. ...mi_gnoli Pa_ri_gi............ e penso a quel pol_tro_ne d'un vec_chio ca_mi_

ROD. ...net_to ingan_na_to_re.............. che vive in o_zio co_me un gran............. si_

che non cre-do al su – dor del – la fron – te.

MARCELLO

Ho diac – cia – te le di – – ta...

14

con ira sul tavolo un pacco di libri legato con un fazzoletto)

COLLINE

Già dell'Apo_ca_lisse appa_riscono i se_gni!

In gior - no di Vi - gi - lia non s'ac - cet - - ta - no

25

28

vicina ancora più la sedia e si riscalda le mani: Rodolfo è in piedi presso ai due, col rimanente dello scartafaccio)

In quel_l'az_zur_ro guiz_zo lan_guen_te sfu_ma un'ar_den_te sce_na d'a_

_lor!

Tal degli auda _ ci l'i _ dea s'in _ te _ gra.

34

(Dalla porta di mezzo entrano due garzoni, portando l'uno provviste di cibi, bottiglie di vino, sigari, e l'altro un fascio di legna. Al rumore i tre inuanzi al camino si volgono e con grida di meraviglia si slanciano sulle provviste portate dai garzoni e le depongono sul tavolo: Colline prende la legna e la porta presso il caminetto.)

49

54

60

66

BEN. (first system): di_co una ba_le_na, o un mappa_mon_do, o un vi_so tondo da lu_na pie_na, ma

BEN. (second system): ma_gra, pro_prio magra, no, poi no! Le donne magre son grat ta_ca pi e

70

73

83

vi _ so di mi _ te cir _ con _ fuso alba lu _ nar,.....................

ACT TWO

AL QUARTIERE LATINO

Un crocicchio di vie: nel largo vi prende forma di piazzale: botteghe, venditori di ogni genere—da un lato il Caffè Momus.

Allegro focoso ♩ = 112 *(In 2)*

Flauto I. e II.
Ottavino

Oboe I. e II.

Corno Inglese

Clarinetti e
Clarinetto basso in Si♭

Fagotto I. e II.

I. e II. in Fa
Corni
III. e IV. in Fa

Tromba I. II., e III. in Fa

fff marcatissimo

Tromboni e
Trombone basso

Timpani

Triangolo, Tamburo
G. Cassa e Piatti

Arpa

Carillon, Xilophon

FANFARA DELL' EPOCA DI LUIGI FILIPPO. *RITIRATA FRANCESE.*

4 Pifferi (Ottavini in Do)

6 Trombe in Si♭

(a suo tempo)

6 Tamburi (accordati in Si♭)

Sul palco

LA VIGILIA DI NATALE – Gran folla e diversa: Borghesi, Soldati, Fantesche, Ragazzi, Bambine, Studenti, Sartine, Gendarmi, ecc. Nel largo del crocicchio Venditori Ambulanti gridano a squarciagola invitando la folla de' compratori. Separati in quella gran calca di gente si aggirano Rodolfo e Mimì da una parte, Colline presso alla bottega di una rappezzatrice: Schaunard ad una bottega di ferravecchi sta comperando una pipa e un corno; Marcello spinto qua e là dal capriccio della gente. Parecchi Borghesi ad un tavolo fuori del Caffè Momus. È sera. – Le botteghe sono adorne di lampioncini: fanali accesi: un grande fanale illumina l'ingresso al Caffè.

MUSETTA, MIMÌ

RODOLFO

MARCELLO, SCHAUNARD

COLLINE

ALCINDORO

PARPIGNOL (vend.^{re} ambulante)
ed Altro Vend.^{re} Ambulante

Sop.ⁱ (La folla è composta di studenti, sartine, monelli, borghesi e popolo)

Bambini, Ragazzi, Monelli, le
Mamme, Venditrici e Bottegaie

Ten.ⁱ

La Folla

Bassi

Dal Caffè

Bassi

Venditori Ambulanti

Violini I.

Violini II.

Viole

Violoncelli

Contrabbassi

Allegro focoso ♩ = 112 *(In 2)*

130

131

(Rodolfo e Mimì, in dolce colloquio,
si avviano verso il fondo della
scena e si perdono nella folla)

sen _ no   il buon Di _ o voglio com_prarti un vezzo assai più bel!

vel   sbocciano i can.ti, dal.le sue di . ta sbocciano i fior,.......... dal.l'a.nime e . sul.

154

lo_ _co? A casa,a letto!Via,brutti sgua_ja_ _ _ti, gli scappel_lot_ti vi par_ran_ _no

162

po.col A casa, a letto,raz. _ _za di fur.fanti, a let _ to!

164

(Parpignol prende giù per via Vecchia Commedia: i ragazzi e le bambine allegramente lo seguono, marciando e fingendo suonare gli strumenti infantili acquistatigli)

BAMBINE E RAGAZZI

Viva Par - pi - gnol... Parpi_

166

174

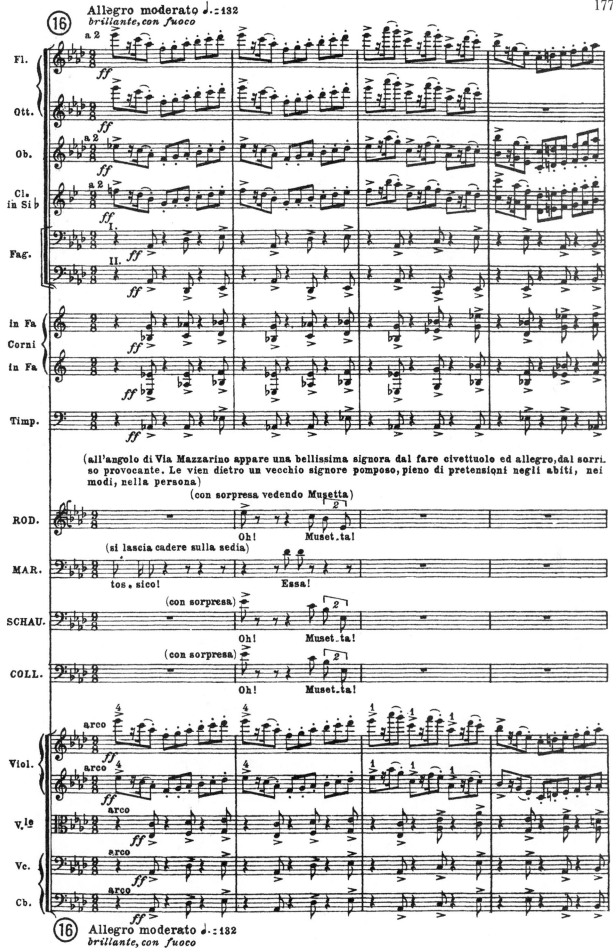

(all'angolo di Via Mazzarino appare una bellissima signora dal fare civettuolo ed allegro, dal sorri-
so provocante. Le vien dietro un vecchio signore pomposo, pieno di pretensioni negli abiti, nei
modi, nella persona)

(Musetta con passi rapidi, guardando qua e là come in cerca di qualcuno, mentre Alcindoro la segue, sbuffando e stizzito)

(trafelato)

ALCINDORO

Come un facchi no...

CORO

Lei! Muset_ta!   Sia_mo in au_ge!

To!   Muset_ta!   Che toelet_ta!

197

205

211

218

227

229

233

(Musetta, non potendo camminare, perchè ha un solo piede calzato, è alzata a braccia da Marcello e Colline, che rompono le file degli astanti, per seguire la Ritirata: la folla, vedendo Musetta portata trionfalmente, ne prende pretesto per farle clamorose ovazioni.

Ec - co - lo là! Il bel tam.bur mag.gior!.... La

Ec - co - lo là! Il bel tam.bur mag.gior!.... La

Ec - co - lo là! Il bel tam.bur mag.gior!.... La

Ec - co - lo là! Il bel tam.bur mag.gior!.... La

Ec - co - lo là! Il bel tam.bur mag.gior!.... La

Ec - co - lo là! Il bel tam.bur mag.gior!.... La

Marcello e Colline con Musetta si mettono in coda alla Ritirata: li seguono Rodolfo e Mimì a braccetto e Schaunard col suo corno imboccato: poi Studenti e Sartine, saltellando allegramente, poi Ragazzi, Borghesi, Donne che prendono il passo di marcia: tutta questa folla si allontana dal fondo, se-guendo la Ritirata Militare)

verso il Caffè Momus, cercando di Musetta: il cameriere, che è presso al tavolo, prende il conto lasciato da questa e cerimoniosamente lo presenta ad Alcindoro, il quale, vedendo la somma, non trovando più alcuno, cade su di una sedia, stupefatto, allibito.)

ACT THREE

LA BARRIERA D'ENFER

Al di là della barriera il *boulevard* esterno e, nell'estremo fondo, la *route* d'Orleans che si perde lontana fra le alte case e la nebbia e bruma del febbraio; al di qua, a sinistra, un *Cabaré* ed il piccolo largo della barriera, a destra il *boulevard* d'Enfer; a sinistra quello di S.ᵗ Jacques.

A destra pure la imboccatura di *rue* d'Enfer che mette in pieno Quartier Latino.

Il *Cabaré* ha per insegna il quadro di Marcello «Il passaggio del Mar Rosso», ma sotto invece a larghi caratteri vi è dipinto «Al porto di Marsiglia». Ai lati della porta vi sono pure dipinti a fresco un turco e uno zuavo con una enorme corona d'alloro intorno al fez. Alla parete del *Cabaré*, che guarda verso la barriera, una finestra a pian terreno donde esce luce.

I platani che costeggiano il largo della barriera, grigi, alti e in lunghi filari, dal largo si dipartono diagonalmente verso i due *boulevards*. Fra platano e platano sedili di marmo. È il febbraio, al finire; la neve è dappertutto.

All'alzarsi della tela la scena è immersa nella incertezza della luce della primissima alba. Seduti avanti ad un braciere stanno sonnecchiando i Doganieri. Dal *Cabaré*, ad intervalli, grida, cozzi di bicchieri, risate.

Andantino mosso ♩=112

SPAZZATURAI (Dietro la cancellata chiusa, battendo i piedi dal freddo e soffiandosi su le mani intiriz-
8 Bassi   zite, stanno alcuni spazzaturai) (gridato) *mf*

Ohè, là!   le guardie!... A - pri-te!

(I Doganieri rimangono immobili; gli Spazzaturai picchiano con le loro
scope e badili sulla cancellata)   (gridato più forte)

Ohè, là!

Quel-li di Gentil - ly!... Siam gli spaz-zi-ni.

244

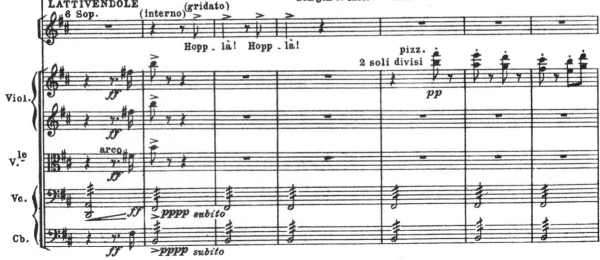

(tintinnìo di campanelli di cavalli dei carrettieri)
(il Sergente dei Doganieri esce dal Corpo di
Guardia ed ordina di aprire la barriera)

DOGANIERE

Son già le latti _ vendo _ le!

LATTIVENDOLE
6 Sop.   (interno)(gridato)

Hopp _ là!   Hopp _ là!

248

254

(È giorno fatto; giorno d'inverno, triste e caliginoso; dal *Cabaré* escono alcune coppie che rincasano)

258

260

261

269

271

a tempo
a2
col canto
Fl.
I.
Ob.
C. Ingl.
a tempo
Cl. in La
Cl. b. in La
Fag.
I.
II.
in Fa
Corni
in Fa
Tr.be in Fa
I. e II.
Tr.ni
I. II.
III.
Tr.ne b.
a piacere
ROD.
Io voglio separarmi da Mi _ mì.
MAR.
Sei vo_lubil co_sì?
Viol.
V.le
Vc.
Cb.

274

(Mimì, non potendo udire le parole, colto il momento opportuno, inosser-
vata, riesce a ripararsi dietro a un platano presso al quale parlano i
due amici.) (con dolore)

ROD. -sal...   Per sem_pre!

MARCELLO
E gli vuoi rinno_va_re il fu_ne_ral?   Cambia

MAR. me_tro.   Dei paz_zi è l'a_mor te_tro, che la_cri_me di_stil_la.

287

Lo stesso movimento

292

294

298

ACT FOUR

IN SOFFITTA
Come nel Quadro Primo

(Marcello sta ancora dinanzi al suo cavalletto, come Rodolfo sta seduto al suo tavolo: vorrebbero persuadersi l'un l'altro che lavorano indefessamente, mentre invece non fanno che chiacchierare.)

329

e . gli mi traccia due pupil - le ne - re eu . . . na boc - ca pro - ca . . ce.

336

340

344

351

(Tutti applaudendo, circondano Schaunard e lo fanno scendere dalla sedia)

(Rodolfo e Marcello cessano dal ballare, e si smascellano dalle risa)

SCHAU. ber! Appre_state u_na ba_rella!

(fa altrettanto)

COLL. Un di noi qui si sbu_della! Appre_state un ci_mi_

360

(si spalanca l'uscio ed entra Musetta in grande agitazione)
(scorgendola)

MARCELLO

Mu.

Allegro moderato agitato

Allegro moderato agitato

MUSETTA

In.te.si di.re che Mimì, fug.gi.ta dal Vi.scon.ti.no, e.ra infin di
(persuade Mimì a sdraiarsi sul letto e stende su di lei la coperta,
poi con grandi cure le accomoda il guanciale sotto la testa)

ROD.

sem _ pre! sem _ _ _ pre!

MUS.

vi.ta.   Dove stia?   Cer.ca,   cerca...   la veg.go passar per via...   trascinandosi a

⑭ Andante mesto

perdendosi
16
Lento
Fl.
pppp
dolcissimo
I.
Ob.
pppp
ppp
C.Ingl.
ppp
perdendosi
Cl. in La
pppp
ppp
Cl.b. in La
pppp
ppp
I.
Fag.
pppp
ppp
p
in Fa
Corni
in Fa
pppp
III.
pppp
perdendosi
Arpa
ppp
MIMÌ
p
(tossisce)
Queste mie ma-ni riscal-da-re non si potranno mai?
(prende nelle sue le mani di Mimì, riscaldandogliele)
sostenendo
con gran passione
ROD.
Qui nel-le mi-e!
perdendosi
Viol.
pppp
mf
pppp
mf
Vle
pppp
mf espress.
Vc.
pppp
mf espress.
I. solo
arco
Cb.
ppp
16 Lento

378

380

(Schaunard guarda intorno - e per giustificare la sua partenza - prende la bottiglia dell'acqua e scende dietro a Colline, chiudendo con precauzione l'uscio)

(Mimì apre gli occhi, vede che sono tutti

poco rit. Sostenendo
22
Fl.
I.
II.
Ob.
C. Ingl.
Cl. in Sib
Cl. b. in Sib
Fag.
Corni in Fa
Tr.ni
Tr.ne b.
Timp.
Arpa
MIMÌ
(lascia cadere le braccia)
Son bel-la an - co - ra?
Hai sbagliato il raf-
ROD.
- mì!
Bel-la come un'au - ro - ra!........
Viol.
V.le
Ve.
Cb.
arco
pizz.

400

406